Voyage des sou

Inauguration du Canal de Suez

Gustave Nicole

Alpha Editions

This edition published in 2024

ISBN : 9789362999689

Design and Setting By
Alpha Editions
www.alphaedis.com
Email - info@alphaedis.com

As per information held with us this book is in Public Domain.
This book is a reproduction of an important historical work. Alpha Editions uses the best technology to reproduce historical work in the same manner it was first published to preserve its original nature. Any marks or number seen are left intentionally to preserve its true form.

Contents

LES SOUVERAINS .... - 1 -
LE KHÉDIVE .... - 3 -
LES AMBASSADEURS .... - 5 -
DE LESSEPS, RUYSSENAERS, LAVALLEY .... - 7 -
ARRIVÉE DE S.M. L'EMPEREUR D'AUTRICHE
A PORT-SAÏD .... - 10 -
ENTRÉE DE L'AIGLE .... - 12 -
CÉRÉMONIE RELIGIEUSE SUR LA PLAGE DE PORT-
SAÏD .... - 15 -
ENTRÉE DES SOUVERAINS DANS LE CANAL
DE SUEZ, A PORT-SAÏD .... - 18 -
PASSAGE A EL-GUISR .... - 20 -
CAMPEMENT A ISMAÏLIA .... - 22 -
PROMENADE A ISMAÏLIA .... - 24 -
BAL D'ISMAÏLIA .... - 26 -
LE SOUPER OFFERT AUX SOUVERAINS .... - 28 -
MOUILLAGE AUX LACS AMERS .... - 29 -
ARRIVÉE DES SOUVERAINS A SUEZ .... - 31 -
ESCADRE EN RADE DE SUEZ .... - 33 -

LES SOUVERAINS

Le 17 novembre 1869, jour de l'inauguration du canal de Suez, de la voie maritime qui relie directement l'Europe et l'extrême Orient, est désormais une date historique, et l'une des plus glorieuses parmi celles qui honorent ce siècle fertile en entreprises audacieuses et utiles.

Mais ce qui la marque d'un cachet d'exceptionnelle grandeur, c'est la présence simultanée sur la terre d'Égypte de l'impératrice des Français, de l'empereur d'Autriche, du prince de Prusse, du prince de Hollande, des ambassadeurs de la Russie et de l'Angleterre, de tant de têtes augustes et illustres. Spectacle imposant, instructif, dont la mémoire se perpétuera à l'éternel honneur du règne qui l'a su préparer!

Pendant l'été de 1869, alors que M. Ferdinand de Lesseps annonçait à ses actionnaires la prochaine ouverture du canal, Son Altesse Ismaïl Ier, khédive d'Égypte, se rendait en Europe pour inviter les souverains aux fêtes de l'inauguration.

L'impératrice Eugénie répondit la première à cette invitation, l'empereur Napoléon tenant, comme il le déclarait plus tard dans son discours aux chambres, à ce que, par sa présence en Égypte, elle témoignât de la sympathie de la France pour une œuvre due à la persévérance et au génie d'un Français.

Au commencement d'octobre, une nouvelle de la plus haute importance arriva en Égypte: Sa Majesté l'empereur François-Joseph Ier, empereur d'Autriche, roi de Hongrie et de Bohême, promettait de venir de sa personne consacrer l'œuvre de progrès qui allait s'inaugurer. Ainsi bientôt se trouveraient réunis à la cour du petit-fils de Méhémet-Ali, et dans une commune hospitalité, l'héritier de l'antique et puissante dynastie des Habsbourg et l'épouse de l'empereur des Français.

A ces hôtes illustres devait venir se joindre Son Altesse Frédéric-Guillaume, prince royal de Prusse. Une visite de courtoisie faite antérieurement au voyage par le prince de Prusse au souverain de l'Autriche les avait tous deux convaincus de leurs mutuels sentiments d'estime et de cordialité.

Enfin Leurs Altesses le prince et la princesse des Pays-Bas avaient mission, dans une fête essentiellement maritime, de représenter un pays dont la marine a été l'une des gloires et est restée l'une des plus prospères industries.

LE KHÉDIVE

La grandeur de l'œuvre accomplie et le prestige qu'exerce sur les esprits le nom seul de l'Égypte eussent suffi, sans doute, pour attirer aux fêtes du canal un nombre immense de spectateurs. Mais il est permis d'affirmer que le concours de tant d'illustrations dans les sciences, la littérature, les arts, l'industrie et le commerce, est surtout dû à l'influence personnelle du khédive, à la sympathie qu'inspire, en Europe, ce prince éclairé et généreux, qui a assumé et qui poursuit avec une persévérance que rien ne déconcerte la tâche si ardue de régénérer un peuple.

Or, parmi les moyens de régénération, le khédive, qui est un esprit éminemment pratique, met au premier rang les travaux d'utilité publique. Tout ce qui peut rapprocher entre elles les diverses parties de ses États, faciliter à l'Égypte l'accession pacifique des hommes et des choses de l'Europe, contribuer au rapide développement de l'agriculture, de l'industrie et du commerce, est l'objet de ses préoccupations constantes. Aussi voyons-nous chaque année des ports se creuser, s'ouvrir des canaux, s'élever des quais, des digues, des barrages, et s'étendre sur la surface du pays le réseau des voies ferrées. Enfin, sur un signe du khédive, sa capitale, en quelques mois, a été renouvelée, aérée, embellie.

Ismaïl Ier est, lui aussi, un grand constructeur, et l'on conçoit aisément qu'il ait aidé, des efforts et des capitaux de son pays, à ce gigantesque travail d'utilité publique qui s'appelle le percement du canal maritime de Suez.

Donc, à la voix du souverain de l'Égypte, les souverains de l'Europe sont venus, ou ont envoyé leurs ambassadeurs.

LES AMBASSADEURS

En l'absence de la reine et des membres de sa famille, l'honneur de représenter l'Angleterre revenait de droit à sir Elliot, ambassadeur à Constantinople de Sa Majesté Britannique.

Sir Henri-George Elliot est d'une race illustre. Son grand-père était gouverneur général du Bengale; son père, le deuxième comte de Minto, a rempli successivement les fonctions de premier lord de l'Amirauté et celles de lord du sceau privé. Lui-même s'est acquitté avec talent et succès de diverses missions diplomatiques et il connaît à fond les questions orientales.

Le général Ignatieff, ambassadeur de la Russie à Constantinople, avait mission de représenter son maître le czar Alexandre.

Au traité de Paris, en 1856, à Khiva, à Boukhara, en Chine et au Japon, M. Ignatieff a fait apprécier les ressources d'un esprit solide et délié tout à la fois.

Le général Ignatieff est aujourd'hui considéré comme l'un des plus habiles diplomates de l'Europe.

Enfin M. de Beust, président du conseil des ministres d'Autriche, et M. Andrassy, président du ministère hongrois, accompagnaient Sa Majesté l'empereur et roi François-Joseph Ier.

On sait le rôle important que jouent dans la monarchie austro-hongroise ces deux hommes d'État, dont le patriotisme éclairé a tant contribué à rattacher dans un système qui respecte les traditions et l'autonomie de chacune d'elles les deux races principales de l'Empire.

On n'ignore pas non plus quelle libérale influence ils ont exercée sur les institutions de leur patrie.

L'impératrice Eugénie s'était aussi fait accompagner d'un certain nombre de personnes dont les noms seront cités dans le cours de ce récit. Il en sera de même pour les envoyés des autres gouvernements.

Nous avons hâte, pour le moment, et l'on reconnaîtra que c'est justice, de faire enfin entrer en scène les initiateurs, les ouvriers, les héros véritables de l'entreprise.

DE LESSEPS, RUYSSENAERS, LAVALLEY

A M. Ferdinand de Lesseps, par-dessus tous les autres, appartient la double gloire d'avoir conçu et exécuté l'œuvre. Son nom y restera attaché dans l'histoire, comme y sont restés attachés pendant seize années de sa vie ses rêves, ses efforts, ses luttes, tout son être. Et pourtant, qui ne racontera que l'œuvre n'aura pas fait connaître tout l'homme et surtout n'aura pas donné la clef de cette habileté énergique et persévérante qui a fini par triompher de tous les obstacles et par couronner d'un immortel succès une carrière extraordinairement remplie.

Une intelligence pénétrante et vive, un caractère à la fois souple et ferme, insinuant et audacieux, une confiance en soi-même que rien ne saurait altérer, une connaissance approfondie des hommes et des mobiles qui les font agir, une physionomie heureuse, un abord accueillant, enfin le don de séduire et de convaincre: ces qualités qui constituent essentiellement le diplomate, M. de Lesseps montra qu'il les possédait à un haut degré, pendant les vingt-neuf années qu'il passa tour à tour, comme agent politique, en Portugal, à Tunis, en Égypte, dans les Pays-Bas, en Espagne, en Italie, etc.; et c'est à elles surtout qu'il doit d'avoir fait croire possible la réalisation de son rêve.

Pourtant elles n'eussent point suffi pour assurer le succès d'une entreprise pendant longtemps réputée comme chimérique: c'est à la persévérance, à l'enthousiasme toujours égal à lui-même, à l'amour de la difficulté, à l'optimisme jusqu'au dernier moment inébranlable du président de la Compagnie qu'il faut aussi demander le secret de la réussite.

Ajoutez à cela un cœur et une main que l'esprit de calcul n'a jamais fermés, un courage qui va jusqu'à la témérité, une santé d'une vigueur extrême, une activité physique qui rappelle celle des plus renommés conquérants, et vous aurez un crayon, sans doute incomplet encore, de cette physionomie vivace et complexe, qui tient à la fois du diplomate, de l'initiateur, du poëte et du héros.

M. de Lesseps a eu la bonne fortune de rencontrer en M. de Ruyssenaers un de ces agents habiles, résolus, dévoués comme des amis seuls peuvent l'être, et sans le secours desquels les entreprises périclitent ou se traînent péniblement vers le but.

Obligé de courir sans cesse d'Orient en Europe, pour aller partout défendre et propager son idée, il laissait du moins en Égypte comme un autre lui-même, chargé de représenter les intérêts de l'œuvre sur le terrain où elle s'accomplissait. Et cet intermédiaire s'est trouvé être un des hommes les plus sympathiques aux souverains de l'Égypte. Aussi peut-on dire que nombre de difficultés qui, dérivant de la nature des choses, paraissaient pour cela insurmontables, ont été successivement aplanies. C'est à la bienveillante estime du khédive pour M. Ruyssenaers qu'est dû ce résultat.

M. Ruyssenaers habite l'Égypte depuis 1843 et il est consul général des Pays-Bas depuis 1851. En 1854, il aida de son influence personnelle, auprès de Saïd-Pacha qui venait d'arriver au pouvoir, M. de Lesseps à obtenir la concession des travaux de l'isthme.

Il fut alors nommé agent supérieur de la Compagnie en formation, et représentant de M. de Lesseps en Égypte.

Ce titre lui fut confirmé en 1858, après le succès de la première souscription. En 1861, il donna sa démission d'agent supérieur, et fut nommé vice-président honoraire, titre qu'il a gardé jusqu'ici.

M. Ruyssenaers est officier de la Légion d'honneur, grand officier de la Couronne de chêne, grand officier du Medjidieh, et chevalier de l'ordre supérieur du Lion néerlandais.

Entre tous ceux qui ont mis la main à l'œuvre, M. Lavalley a exécuté le plus efficace labeur, depuis le premier coup de pioche de l'entreprise Hardon jusqu'au dernier effort des dragues de l'entreprise Borel-Lavalley. Non pas parce qu'il a achevé ce que d'autres avaient commencé, mais parce qu'il l'a achevé plus promptement qu'ils n'eussent pu le faire, parce qu'il a avancé l'époque où le canal a pu être livré à la navigation, et cela grâce à l'introduction d'engins puissants et sûrs, comme la mécanique n'en avait point su construire jusque-là.

Les dragues et les élévateurs ont été et seront décrits ailleurs. Nous n'avons que le loisir de rendre hommage à celui qui les a inventés, perfectionnés et appliqués, à son honneur et au profit de la tâche confiée à ses soins.

M. Lavalley comme M. Borel, son associé, que la mort a enlevé l'an dernier, est un ingénieur sorti de l'École polytechnique.

En juin 1869, il a remporté le prix de mécanique fondé par Montyon.

Il est officier de la Légion d'honneur et commandeur de plusieurs ordres étrangers.

ARRIVÉE DE S.M. L'EMPEREUR D'AUTRICHE

A PORT-SAÏD

Nous sommes au 15 novembre. L'Égypte, depuis tantôt un mois livrée aux étrangers par la splendide hospitalité du khédive, a subi la pacifique invasion des savants, des artistes, des littérateurs, des représentants du commerce et de l'industrie, des invités en un mot. Mais le grand jour est proche: d'Assouan, d'Alexandrie et du Caire, par le Nil et la voie ferrée, la foule immense accourt et se concentre à Port-Saïd, au bord de la Méditerranée, à l'entrée du canal inconnu encore.

Le monde officiel a déjà commencé d'arriver.

Le khédive a fait, le premier, son entrée à Port-Saïd sur son yacht le *Mahroussa*. Son Altesse, qui venait recevoir ses augustes hôtes, était accompagnée du L.L.E.E. Chérif-Pacha, ministre de l'intérieur, Nubar-Pacha et autres hauts fonctionnaires égyptiens.

Le 13, le yacht *Valk* jette l'ancre, ayant à bord Leurs Altesses Royales le prince et la princesse des Pays-Bas.

L'empereur d'Autriche est attendu le 15. Mais la mer était si mauvaise, la veille, que peut-être Sa Majesté n'a pu s'embarquer à Jaffa où l'attendait l'amiral Tegetoff. On va, on vient, on s'informe, on s'inquiète, quand tout à coup le canon éclate.

Spectacle magique et bien fait pour tenter le pinceau.

Il est neuf heures du matin, le ciel est assez clair, mais les flots sont agités.

La foule se presse au bord des quais, entre les oriflammes secouées par le vent. Les barques passent et repassent, faisant force de rames.

Sur la rade et dans le port, les bâtiments de guerre se tiennent rangés en ligne, superbes sous leurs triangles de pavois, au sommet desquels flottent les pavillons. Les vergues hautes et basses sont striées de points noirs: ce sont les équipages qui attendent immobiles et muets. Mais voici que de toutes les poitrines une longue acclamation s'élance et que de nouveau tonnent les flancs des navires. Hourrah! Et le *Greif* apparaît entre les jetées, glisse bientôt dans l'eau plus calme du port et jette enfin l'ancre.

Sa Majesté François-Joseph Ier, empereur d'Autriche, roi de Hongrie et de Bohême, est désormais l'hôte d'Ismaïl Ier, khédive d'Égypte.

Un éclair de joie a brillé dans les yeux de l'Empereur: il est arrivé un jour avant l'impératrice des Français, c'est-à-dire à temps pour la saluer à son entrée au port. On avait raison de croire que la mer était mauvaise la veille, elle battait même en furieuse la plage de Syrie; mais on avait eu tort de penser qu'une tempête était capable d'arrêter, dans son élan, la courtoisie d'un Habsbourg.

Malgré le vent et la vague, et les prudents conseils, l'Empereur avait voulu s'embarquer à Jaffa. Laissant à terre MM. de Beust et Andrassy, il s'élance dans un canot avec sa maison militaire; les flots conjurés le repoussent; les plus intrépides marins secouent la tête; mais l'Empereur le veut: en avant! En accostant le *Greif*, le canot est brisé; on jette une amarre, et l'Empereur est hissé sur le yacht; il touche pied tout mouillé, harassé et meurtri; mais un sourire effleure sa lèvre: il est à son bord et il arrivera à temps.

ENTRÉE DE L'AIGLE

Le 16, dès l'aube, de nouveaux navires arrivaient en rade de Port-Saïd.

A huit heures, des salves d'artillerie annonçaient l'approche du prince de Prusse; bientôt après Son Altesse Royale était reçue avec tous les honneurs dus à son rang.

Un peu plus tard, un groupe de navires est signalé à l'horizon: c'est l'*Aigle*, escorté de plusieurs bâtiments de guerre, l'*Aigle* qui porte sur son bord celle qui doit représenter l'empereur des Français dans cette imposante réunion des peuples, dans ces fêtes dont elle sera l'ornement et le charme.

Le yacht impérial approche rapidement, et bientôt son pavillon flotte à l'entrée du chenal.

Des vaisseaux de la rade et du port partent des salves d'artillerie.

Les matelots de toutes les marines, debout sur les vergues, au milieu des pavois, poussent d'interminables vivats, auxquels répondent les cris d'une foule immense entassée sur le rivage.

Au moment où l'*Aigle*, qui a ralenti sa marche pour effectuer son entrée dans le grand bassin, passe devant le *Greif*, on aperçoit Sa Majesté l'empereur d'Autriche, debout sur la dunette, en grand uniforme et tête nue.

Pendant que l'Empereur et l'Impératrice échangent le premier salut, la musique autrichienne joue l'air de la *Reine Hortense*.

A peine l'*Aigle* a-t-il jeté l'ancre que le khédive se rend à bord pour souhaiter la bienvenue à l'Impératrice.

Bientôt après, Sa Majesté François-Joseph, Son Altesse Royale le prince de Prusse et Leurs Altesses Royales le prince et la princesse des Pays-Bas vont courtoisement saluer à son bord l'auguste voyageuse.

Plus de quatre-vingts navires, dont près de cinquante vaisseaux de guerre, sont alors rangés dans le port.

Voici comment se répartissent les escadres:

> Escadre égyptienne: six navires.
>
> Escadre française: six navires.
>
> Escadre anglaise: douze navires.
>
> Escadre autrichienne: trois navires.
>
> Escadre de la Confédération de l'Allemagne du Nord: cinq navires.
>
> Escadre russe: deux navires.
>
> Escadre des Pays-Bas: deux navires.
>
> Escadre de Suède et de Norwége: deux navires.
>
> Escadre danoise: un navire.
>
> Escadre espagnole: deux navires.

L'escadre italienne, sous la conduite du duc d'Aoste, avait dû rentrer en Italie, à la suite d'une nouvelle annonçant la maladie du roi Victor-Emmanuel.

L'escadre portugaise n'avait pu arriver à temps.

Parmi les douze navires composant l'escadre anglaise se trouvaient cinq frégates cuirassées.

Tout émue d'un pareil spectacle, l'impératrice Eugénie envoie à l'Empereur ce télégramme:

«Port-Saïd, 16 novembre.

«Je viens d'arriver à Port-Saïd en bonne santé.

«Réception magique.

«Je n'ai jamais rien vu de pareil dans ma vie.»

CÉRÉMONIE RELIGIEUSE
SUR
LA PLAGE DE PORT-SAÏD

Une cérémonie religieuse devait précéder l'inauguration du canal.

D'après les plans de M. Laroche, ingénieur de la Compagnie à Port-Saïd, trois estrades avaient été dressées sur la plage, devant le quai Eugénie; l'une prêtant face à la mer, et destinée aux souverains, et les deux autres vis-à-vis, à gauche pour le service musulman, à droite pour l'office chrétien.

Dans la nuit du 15 au 16, les flots poussés par un fort vent de nord-ouest ayant envahi les abords des tribunes, il avait fallu élever à la hâte une chaussée assez solide et assez large pour le défilé du cortége.

C'est ce qui explique pourquoi, aperçu de loin, le lieu de la fête ressemblait à un îlot dont plusieurs points ne sont accessibles que par une sorte de gué.

Le temps d'ailleurs était superbe, et lorsque, vers deux heures, les salves d'artillerie annoncèrent que les hôtes du khédive avaient pris place et que la cérémonie commençait, le spectacle qui se déroulait aux regards était de ceux que l'on n'oublie point.

Au fond, le ciel d'un bleu clair, vivement découpé par les mâtures pavoisées des frégates à l'ancre, le long de la jetée ouest; à droite, sur un terre-plein rapproché, le nouveau phare, qui se dresse comme un monolithe; enfin au premier plan, au milieu des bannières, des oriflammes et des pavillons, les estrades, dont les hautes et flottantes draperies ornées d'écussons et de feuillage forment dais au-dessus de l'auguste assemblée.

Une foule composée de tous les échantillons de la race humaine complète ce tableau, qu'elle étreint comme une ceinture multicolore.

Au centre et au premier rang de l'estrade principale, se tiennent l'impératrice Eugénie, l'empereur d'Autriche, le khédive, le prince de Prusse, le prince et la princesse des Pays-Bas.

A gauche du prince des Pays-Bas sont placés Mme Elliot, femme de l'ambassadeur d'Angleterre, sir Elliot, ambassadeur d'Angleterre, et le prince Murat.

A droite de la princesse des Pays-Bas se tiennent Méhémet Tewfick-Pacha, prince héritier d'Égypte, le prince Hohenlohe, Mme Ignatieff, femme de l'ambassadeur de Russie, le général Ignatieff, ambassadeur de Russie.

Le prince Toussoum-Pacha, Leurs Excellences Chérif-Pacha, Nubar-Pacha, Chahim-Pacha, Riaz-Pacha, M. Ferdinand de Lesseps, Abd-el-Kader, MM. de Beust et Andrassy, le baron Protectsch, le prince d'Albe, occupent le second rang avec Mmes de la Poëze, de Nadaillac, de Sancy, de Parabère, Mlles d'Albe, Lermina, Mary Stuart, etc.

Enfin, dans la foule brillante qui remplit la tribune, on remarque encore le prince Georges de Hanovre, les amiraux Tegetoff, Pâris, l'amiral espagnol, le colonel Doring, le général Douay, le duc de Huescar, de hauts fonctionnaires égyptiens, tels que Zeki-Bey, Burguière-Bey, Eram-Bey, Kaïri-Bey, Rizza-Bey, gouverneur de Port-Saïd, et MM. Béhic Dupuy de Lôme, Russell, du *Times*, Calemard de la Fayette, Lavalley, Léon Donnat, etc., etc.

Cependant les salves d'artillerie continuent.

Entouré du grand cadi, du grand mufti et des ulémas, le cheik-el-sakka se lève, et, après avoir psalmodié quelques versets du Coran, appelle sur l'œuvre accomplie les bénédictions d'Allah.

Associant à la majesté sévère du culte musulman les pompes de la religion catholique, Mgr Curcia, évêque d'Alexandrie, célèbre l'office.

Est-il besoin de faire remarquer ce qu'a de touchant et d'instructif ce spectacle de deux croyances, jadis ennemies, venant en ce jour unir leurs rites et leurs prières?

Le canon se tait; Mgr Bauer, protonotaire apostolique, descend trois marches de l'autel et commence un discours. Sa voix vibrante et sa prononciation distincte permettent de ne rien perdre de ses paroles.

Paroles éloquentes qui redisent les difficultés et qui célèbrent la gloire de l'entreprise enfin achevée, grâce à la protection éclairée et généreuse du khédive Ismaïl Ier, grâce au bienveillant concours du gouvernement français, ici représenté par une souveraine auguste, grâce à l'initiative et aux persévérants efforts de M. Ferdinand de Lesseps, dont l'orateur «est fier de pouvoir, en ce beau jour, jeter le nom aux échos d'un ciel immense.»

L'empereur d'Autriche est aussi remercié d'être venu apporter par sa présence un nouveau et précieux témoignage à l'œuvre d'union entre deux mondes, entre tous les peuples.

Chaque nation enfin trouve sa part d'éloges dans cette harangue sacrée dont quelques lignes ne sauraient rendre ni l'éclat ni l'ampleur.

ENTRÉE DES SOUVERAINS

DANS LE CANAL DE SUEZ, A PORT-SAÏD

Enfin le jour est venu où doit être officiellement constaté l'achèvement du canal maritime de Suez et consacré le succès de M. de Lesseps.

17 novembre 1869: cette date ne s'effacera pas.

Aux premières lueurs de l'aube un coup de canon retentit, donnant le signal des préparatifs.

Bientôt, dans la clarté limpide du matin, la ville réveillée s'agite, le port s'avive de barques légères, inclinant leurs voiles blanches sous la brise. La vie renaît et circule sur les hauts-bords, depuis le pont qu'on rend luisant jusqu'à la flèche où montent les pavillons.

A huit heures moins quelques minutes, la flottille s'ébranle sous l'impulsion des hélices.

L'*Aigle* est en tête.

M. de Lesseps a l'honneur d'accompagner l'impératrice sur le yacht impérial.

A huit heures précises, l'*Aigle*, dépassant les deux obélisques placés en tête des berges, entre dans le canal.

Les acclamations retentissent, le canon tonne: le moment est solennel.

Les autres navires défilent un à un, dans l'ordre suivant:

Le yacht *Greif*, ayant à bord Sa Majesté l'empereur d'Autriche, dont la courtoisie a, cette fois encore, cédé le pas à l'impératrice Eugénie.

Le yacht *Grille*, ayant à bord Son Altesse Royale le prince de Prusse.

Le yacht *Valk*, ayant à bord le prince et la princesse des Pays-Bas.

La corvette anglaise *Rapid*, ayant à bord sir Elliot, ambassadeur d'Angleterre à Constantinople.

Le bâtiment russe *Archontia*, ayant à bord le général Ignatieff, ambassadeur de Russie à Constantinople.

Viennent ensuite l'*Elisabetta*, le *Gargano*, le *Forbin*, ayant à bord Abd-el-Kader; le *Péluse*, ayant à bord le conseil d'administration du canal de Suez, M. Béhic, directeur des Messageries impériales, des artistes, des ingénieurs et des journalistes invités par la Compagnie de Suez; puis les navires des grandes compagnies de navigation, qui apprennent ainsi la nouvelle voie entre l'Europe et l'extrême Orient.

Le khédive est parti dans la nuit pour Ismaïlia, sur l'un de ses yachts. Son Altesse a précédé ses hôtes pour aller les recevoir elle-même à l'entrée du lac Timsah.

PASSAGE A EL-GUISR

PASSAGE A EL-GUISR

A une heure un quart, les yachts défilaient devant Kantara, entre deux monticules surmontés d'inscriptions en lettres colossales de fleurs et de verdure: du côté de la rive d'Asie on lisait: *A Ismaïl la ville de Kantara*, et du côté de la rive d'Afrique: *A l'Impératrice*.

Le voyage se poursuit. On signale au passage le kilomètre LIV, où sont rangées les dragues de MM. Borel-Lavalley; El-Ferdane avec ses gisements plâtriers dont la blanche surface brille au soleil; enfin on s'engage dans le seuil d'El-Guisr, dont les berges sont envahies par les populations d'alentour.

Le seuil d'El-Guisr est une dune de sable qui s'élève à vingt mètres et s'étend à perte de vue.

Il a fallu percer le canal et en consolider les berges à travers cet amoncellement de terrains fluides.

Vingt mille fellahs furent d'abord employés à ce gigantesque déblai.

Le jour, sous les ardeurs du soleil, la nuit, à la clarté des machalls, pendant des mois, la vaste fourmilière d'hommes travailla, et, coufin par coufin, déversa sur la hauteur quatre millions de mètres cubes.

L'excavation à sec d'une quantité à peu près égale fut confiée aux engins spéciaux de M. Couvreux, dont le nom restera attaché à cette portion de l'entreprise, longtemps réputée inexécutable.

De l'appontement du seuil les cent dix marches d'un escalier en bois vous conduisent au sommet de la dune où se dresse, sur un tertre, le kiosque de l'Impératrice.

De ce point élevé, et à cette heure, le coup d'œil est splendide.

En face, sur la rive d'Asie, le désert, qui prolonge sa nappe d'un jaune gris jusqu'aux lignes bleuâtres des montagnes qui ferment l'horizon, est à nos pieds; au fond de l'immense tranchée, l'eau tranquille, que vient agiter l'hélice des vapeurs en marche; à gauche, le canal, qui décrit une grande courbe vers El-Ferdane pour ensuite reprendre sa course en ligne droite vers Port-Saïd; à droite, tout au fond au sud, la haute arête d'un bleu violacé des monts Attaka; l'Attaka, c'est-à-dire Suez, c'est-à-dire le lac Timsah franchi, les lacs Amers dépassés, le but atteint et la gloire conquise!

Le seuil d'El-Guisr est la première étape d'où l'on puisse apercevoir Suez: encouragement autrefois, aujourd'hui récompense de la grande œuvre.

CAMPEMENT A ISMAÏLIA

CAMPEMENT A ISMAÏLIA

Les spectacles se succèdent avec une rapidité qui déconcerte le pinceau et la plume: après une marine, un paysage; après un paysage, un tableau de genre.

Nous serons, quant à nous, trop heureux si nous parvenons à retracer les principaux épisodes de ces journées, dont chaque heure fourmille d'incidents pittoresques et inattendus.

Au moment même où la flottille des souverains fait son entrée dans le lac Timsah, à l'autre extrémité débouchent trois navires de guerre égyptiens, venant de Suez, après une traversée rapide et sans encombre.

Les salves d'artillerie, les acclamations éclatent de toutes parts.

A bord de l'*Aigle*, l'Impératrice tout émue prend M. de Lesseps par la main et le présente à la foule dont les vivats redoublent.

Le khédive, qui s'était tout d'abord porté en avant, vient saluer ses augustes hôtes.

Cependant Ismaïlia s'est parée pour la fête. La jeune cité a orné de mâts vénitiens ses larges voies tracées au cordeau; les drapeaux flottent aux fenêtres des maisons encore clair-semées, et les façades pour s'illuminer n'attendent plus que la nuit.

Entre la ville et le canal d'eau douce s'allongent les files blanches des tentes réservées aux invités. Non loin de là se dresse une sorte de hangar aux proportions colossales, garni de tables à toute heure servies avec une luxueuse abondance.

L'espace compris entre le canal d'eau douce et le lac est occupé par les campements arabes.

De tous les points du désert sont venues les tribus bédouines, qu'effarouche d'ordinaire le voisinage des villes.

Cheiks en tête, sur leurs chameaux ou sur leurs chevaux rapides, elles sont accourues, et elles ont planté leurs tentes en face même du lac, où s'offre à leurs yeux étonnés l'escadre des grands navires rangés en ligne.

Mais elles-mêmes excitent la curiosité encore plus qu'elles ne la ressentent. Les Européens ne peuvent se lasser de contempler ces cavaliers superbes, à la peau cuivrée et à l'œil luisant, qui mettent tout leur luxe dans leur monture et dans leurs armes, satisfaits pour eux-mêmes de la grossière étoffe dans laquelle ils se drapent comme des rois.

Leur hospitalité d'ailleurs ne repousse aucun indiscret. Ils n'abaissent point la toile de la tente devant l'étranger qui rôde autour du campement, où circulent les femmes voilées et les enfants demi-nus; et, à qui vient s'asseoir sur leur natte, ils offrent gravement le chibouque et le café.

Le cadi du Caire, le mufti, le chef de la mosquée El-Azhar, forment le groupe le plus vénéré dans cette cité flottante qui compte les hadjis par centaines.

Mais voici que le soleil disparaît à l'horizon occidental. Les canons ont salué le déclin du jour; les pavillons se sont abaissés; encore quelques instants, et dans ce pays sans crépuscule la nuit sera tout à fait tombée.

L'heure est venue d'illuminer la ville et la rade.

PROMENADE A ISMAÏLIA

Le lendemain dès huit heures du matin, l'Impératrice monte à cheval, escortée d'une élégante cavalcade, elle s'élance dans la direction d'El-Guisr.

Le prince Hussein-Pacha suit en voiture.

Après avoir visité le seuil et le chalet du vice-roi, elle redescend vers Ismaïlia; mais, cette fois, bravant une fatigue inconnue, elle est à dos de dromadaire. La bête, son long cou tendu vers le sol, fend l'air avec rapidité, laissant à peine aux Bédouins épars le temps d'admirer au passage l'étrange et charmante amazone.

Vers deux heures, l'empereur d'Autriche, le prince et la princesse des Pays-Bas, mettent pied à terre à leur tour et rejoignent l'Impératrice au nouveau palais du khédive.

Une foule immense d'étrangers et d'indigènes se presse aux abords du palais.

Au moment où les augustes personnages prennent place dans les voitures de la cour pour faire une promenade dans la ville, les cheiks exécutent une fantasia.

Montés sur leurs chevaux ou juchés sur leurs meharis, les hardis enfants du désert font galoper et bondir sous eux leurs bêtes, les précipitent en avant, les enlèvent et d'un frein nerveux les rejettent brusquement en arrière, sur les jarrets.

Cependant les longues lances garnies d'une houppe de crin, les luisantes carabines se croisent et s'entre-choquent. Bientôt la poudre parle, et la bande, excitée par ce bruit et cette odeur, se rue, se déchaîne en ardents tourbillons, poussant des cris farouches et soulevant le sable alentour.

Mais les équipages s'ébranlent, l'empereur François-Joseph et l'impératrice Eugénie sont en avant, dans une calèche à quatre chevaux attelée à la Daumont.

Le prince de Prusse et la princesse des Pays-Bas suivent dans une voiture semblable.

Le prince Murat vient ensuite dans un panier qu'il conduit lui-même, et après lui diverses calèches où se trouvent les dames d'honneur de l'Impératrice et de la princesse des Pays-Bas.

A quelques pas de la voiture des souverains, le khédive, dans un élégant panier, conduit lui-même un superbe attelage de deux chevaux gris tarbes.

Des piqueurs précèdent le rapide cortége, qu'escorte un détachement des cavas du khédive.

BAL D'ISMAÏLIA

BAL AU PALAIS D'ISMAÏLIA

Le soir de ce jour, 18 novembre, un grand bal réunissait, à Ismaïlia, dans le nouveau palais, élevé comme par enchantement, les invités du khédive.

S'il est vrai de dire que les fêtes égyptiennes se distinguent d'ordinaire par leur caractère cosmopolite, que l'on juge de ce que celle-ci dut être. Souverains, princes, ambassadeurs, ministres, officiers supérieurs, savants, artistes, commerçants, industriels, simples employés, tous les pays, tous les rangs, toutes les illustrations, toutes les gloires, étaient là représentés. C'était comme la fête de la fraternité universelle.

Spectacle imposant, qui jamais ne s'était vu, que l'Égypte seule pouvait offrir et que le khédive a eu l'honneur de donner au monde et de léguer à l'histoire.

Le crayon et le pinceau perpétueront aussi le souvenir de cette vaste et mouvante harmonie de couleurs, où les tons les plus criards s'allient aux nuances les plus suaves: éclat des uniformes, pittoresque des costumes, scintillement des décorations, blanches épaules ondoyant sous la lumière des lustres.

A dix heures, une foule énorme se presse sous le péristyle: l'hymne autrichien, l'air de la *Reine Hortense*, exécutés par la musique militaire, annoncent successivement l'arrivée de l'empereur d'Autriche et de l'impératrice des Français; Leurs Altesses Royales le prince de Prusse, le prince et la princesse des Pays-Bas sont signalés à leur tour.

Le khédive va au haut du perron recevoir ses hôtes augustes.

L'Impératrice est vêtue d'une robe de satin-cerise recouverte de dentelles, dont la traîne est retenue par des agrafes de diamant; son front est ceint d'un splendide diadème se reliant par derrière à un voile qui va se perdre dans les plis de la jupe. Sa grâce majestueuse éblouit tous les yeux.

Sa Majesté l'empereur d'Autriche est en tenue de ville: habit noir et pantalon gris. Sur le gilet blanc est placé le grand cordon de l'ordre de l'Osmanieh.

Son Altesse Royale le prince de Prusse est également en habit noir.

Les augustes personnages font à plusieurs reprises le tour des salons; ils sont, chaque fois, accueillis par les marques de la plus vive et de la plus respectueuse sympathie.

Vers une heure, on se rend dans la salle du souper dans l'ordre suivant:

Sa Majesté l'impératrice Eugénie donnant le bras à Sa Majesté l'empereur d'Autriche.

Son Altesse le prince de Prusse ayant à son bras Mme Elliot, femme de l'ambassadeur d'Angleterre.

Le khédive, ayant à son bras Son Altesse la princesse des Pays-Bas.

Viennent ensuite Son Altesse le prince des Pays-Bas, le prince Murat et les autres invités.

LE SOUPER OFFERT AUX SOUVERAINS

Une vaste salle décorée de draperies, de feuillage et de plantes exotiques reçoit les augustes convives.

L'Impératrice prend place à table entre l'empereur d'Autriche et le prince royal de Prusse, en face du khédive et de la princesse des Pays-Bas.

A droite de l'empereur d'Autriche se placent l'ambassadrice d'Angleterre, l'ambassadeur de Russie, M. Davilliers, Mlle Lermina.

A gauche du prince de Prusse sont l'ambassadrice de Russie, l'ambassadeur d'Angleterre, le prince de Hohenlohe.

A droite de la princesse des Pays-Bas sont le prince Murat, Mme de Nadaillac, M. de Beust, Mme de Parabère, M. Andrassy.

A gauche du khédive, le prince des Pays-Bas, Mme de la Poëze, M. de Lesseps.

MOUILLAGE AUX LACS AMERS

Le 19, à midi, la flottille, ayant toujours l'*Aigle* en tête, quitte le lac Timsah et prend la direction de Suez.

En franchissant le seuil du Sérapeum, on ne peut s'empêcher de songer aux difficultés énormes que sur ce point il a fallu vaincre.

A Toussoum une escouade d'ouvriers arabes et européens, rassemblée sur la berge, pioche le sable, le jette dans des paniers et le charge sur des ânes ou des chameaux, donnant ainsi aux voyageurs le spectacle des jours de travail.

Vers cinq heures, les yachts entrent dans les lacs Amers. Une quinzaine de navires viennent successivement les rejoindre au mouillage.

Bientôt la nuit descend sur ce groupe de vaisseaux isolés du monde par le désert qui entoure le lac, aussi immobiles que l'eau qui les porte.

Nuit calme, douce et claire, comme en a seul l'Orient. La lune surgit à l'horizon au-dessus des montagnes de Syrie; elle s'élève rapidement et bientôt apparaît, ronde et pleine, dans le ciel constellé.

Les étoiles pointent faiblement dans la lumière blanche qu'elle rayonne autour d'elle; mais, à mesure qu'elles s'en écartent, elles brillent plus distinctes dans le bleu assombri du firmament.

De grandes taches lumineuses s'étendent çà et là sur les eaux.

Mais voici que les navires s'illuminent à leur tour et que les mâts et les agrès profilent leurs lignes sombres au milieu des triangles d'étoiles.

Le silence solennel des nuits est troublé; l'onde écume sous les coups de la rame;

l'*Aigle* est entouré d'embarcations: c'est l'empereur d'Autriche qui monte à bord, puis les princes et les autres personnages.

Réception, souper, feu d'artifice, jamais ces solitaires régions ne furent témoins d'un spectacle pareil. Acclamations et fusées montent ensemble et éclatent dans l'espace.

Puis il vient une heure où tout s'arrête, tombe et s'éteint, où l'immobilité, le silence et la nuit reprennent possession du ciel, du désert et des eaux.

ARRIVÉE DES SOUVERAINS A SUEZ

A Suez, les premières heures de la matinée du 20 novembre sont remplies par une fiévreuse attente.

La rade est sillonnée de bâtiments légers qui vont explorer les abords du canal; en ville, des fenêtres et des balcons pavoisés, des centaines de lorgnettes sont braquées dans la direction du canal; le canal, enfin, objectif de tous les regards et de tous les vœux, est interrogé depuis son embouchure jusqu'aux derniers plis de terrain derrière lesquels il disparaît au nord.

Enfin, vers onze heures, un mince filet de fumée s'estompe dans le lointain: c'est l'*Aigle*, suivi des autres bâtiments, qui s'avance dans l'ordre déjà indiqué.

A onze heures et demie, des salves d'artillerie annoncent la sortie du canal, l'entrée dans la mer Rouge, la consécration officielle et définitive du succès de l'œuvre.

Le khédive, toujours courtois, avait précédé ses hôtes à Suez et avait passé la nuit dans le port Ibrahim, à bord de son yacht le *Zinel-el-Bahren*.

Au premier signal de l'approche de la flottille, Son Altesse prend place dans son embarcation d'honneur, et ordonne qu'on fasse force de rames vers le canal.

Le khédive, assis sous une tente richement décorée, est entouré de plusieurs hauts fonctionnaires de son gouvernement.

Le pavillon égyptien flotte à l'arrière de l'embarcation, qui glisse avec une rapidité magique sur les eaux bleues et tranquilles.

Un groupe d'étrangers, debout à l'extrémité de la digue, salue au passage le souverain de l'Égypte.

Cependant le commandant de l'*Aigle* écrivait sur son livre de bord:

«Mouillé sur la rade de Suez (Mer Rouge) le 20 novembre 1869 à onze heures et demie du matin.

«*Signé*: EUGÉNIE,

«FERDINAND DE LESSEPS,

«PRINCE JOACHIM MURAT,

«J. DE SURVILLE,
commandant le
yacht.»

Suivaient les signatures des personnes accompagnant l'Impératrice.

ESCADRE EN RADE DE SUEZ

Tous les navires qui ont pris part à l'inauguration pénètrent successivement dans la mer Rouge en longeant le quai pavoisé, à la pointe duquel la Compagnie a fait élever le buste de Waghorn, ce lieutenant anglais qui, le premier, a ouvert la route de terre à travers l'Égypte, pour établir la communication postale entre l'Occident et l'Orient.

La liste de ces navires est un document historique que nous voulons enregistrer ici.

NOM DES NAVIRES:	NATIONALITÉ:	NOM DES CAPITAINES:
AIGLE,	Yacht français.	Surville.
GREIF,	Yacht autrichien.	Paouer.

ELISABETH,	Vapeur autrichien.	Kern.
GARGANO,	Vapeur autrichien.	Nochino.
GRILLE,	Yacht de la Confédération de l'Allemagne du Nord.	Natzeburg.
DELPHIN,	Canonnière de la Confédération de l'Allemagne du Nord.	Rivald.
WALK,	Yacht hollandais.	Kroff.
YACRUT,	Corvette russe.	Lutte.
PSYCHÉ,	Yacht anglais.	Potel.
VULCANO,	Vapeur autrichien.	Giurovich.
PÉLUSE,	Vapeur français.	Brunet.
LATIF,	Corvette égyptienne.	Djemeli-Bey.
SALAMANDRE,	Aviso français.	Blanc.
VERKÉ,	Yacht à vapeur russe.	Alleen.
FORBIN,	Corvette française.	Meyer.

Actif,	Aviso français.	Escudie.
Bruat,	Corvette française.	Alquier.
Fauvette,	Yacht à vapeur français.	Topsen.
Cambria,	Yacht anglais.	Spencer.
Dido,	Vapeur anglais.	Simpson.
Deer Hund,	Vapeur anglais.	Mitchel.
Touareg,	Vapeur français.	Mourachon.
Thabor,	Vapeur français.	Rival.
Europe,	Vapeur français.	Martino.
Newport,	Corvette anglaise.	Nairns.
Lynx,	Vapeur anglais.	Pearse.
Gén. Hotzebue,	Vapeur russe.	Rolchaloki.
Hawk,	Vapeur anglais.	Briscol.
Principe Thomaso,	Vapeur italien.	Vicalini.
Principe Oddone,	Vapeur italien.	Ogno.

SCILLA,	Vapeur italien.	Caffico.
PLUTO,	Vapeur autrichien.	Florio.
PRINCIPE AMEDEO,	Vapeur italien.	Danduros.
RAPID,	Corvette anglaise.	Wood.
HUM,	Corvette autrichienne.	Baron Spaim.
CHIBIN,	Vapeur égyptien.	Bahme.
AMERICA,	Vapeur autrichien.	Constantino.
ASSIOUT,	Aviso égyptien.	Mustapha.
BEHERA,	Vapeur égyptien.	Rachid.
VLADIMIR,	Vapeur russe.	Restizenko.
GARBIEH,	Corvette égyptienne.	Voisin-Bey.
FAYOUM,	Vapeur égyptien.	Soliman.
ITALIA,	Vapeur italien.	Bussalini.
SICILIA,	Vapeur italien.	Morello.
NORDSIJERNEM,	Frégate norwégienne.	Russ.
PELAIO,	Vapeur espagnol.	Amatella.

PSESWAPE,	Yacht russe.	Timériaccif.
DELTA,	Vapeur anglais.	
ANGLIA,	Vapeur anglais.	Curling.
CURAÇAO,	Corvette hollandaise.	Bowier.
NARENTA,	Corvette autrichienne.	
NOEL,	Trois-mâts français.	Burgalat.
DIAMANT,	Corvette française.	Pallude de la Barrière.
DEER HEREND,	Yacht anglais.	Mitchell.
GODAVERY,	Vapeur français.	de Girard.
ASIE,	Vapeur français.	Lapierre.
VILLE-D'AIGUES-MORTES,	Trois-mâts français.	Guiraud.
MARINUS,	Trois-mâts anglais.	Angelini.
VIAJANTE,	Trois-mâts portugais.	Sabino Concalès.
SIN NANZING,	Vapeur anglais.	L. B. Dredge.
QUEEN OF SOUTH,	Vapeur anglais.	Heather.
PROMPT,	Vapeur anglais de la Compagnie	

	péninsulaire et orientale.
TAITI,	Vapeur anglais.
LOUISE-ET-MARIE,	Vapeur français.
DOUMELLA,	Vapeur égyptien.
FATHOUM,	Vapeur égyptien.
JOUNAH,	Vapeur égyptien.
ERYMANTHE,	Vapeur français des Messageries impériales.
ALPHÉE,	Vapeur français des Messageries impériales.

Milton Keynes UK
Ingram Content Group UK Ltd.
UKHW041821151124
451262UK00005B/734